BEI GRIN MACHT SICH IHR WISSEN BEZAHLT

Christian Albers

Die spätantike Grenze am Rhein bis Koblenz: Die Kastelle in Tenedo (Zurzach)

GRIN Verlag

Bibliografische Information der Deutschen Nationalbibliothek:

Die Deutsche Bibliothek verzeichnet diese Publikation in der Deutschen National-
bibliografie; detaillierte bibliografische Daten sind im Internet über http://dnb.d-
nb.de/ abrufbar.

Impressum:

Copyright © 2004 GRIN Verlag GmbH
Druck und Bindung: Books on Demand GmbH, Norderstedt Germany
ISBN: 978-3-640-30635-0

Dieses Buch bei GRIN:

http://www.grin.com/de/e-book/125127/die-spaetantike-grenze-am-rhein-bis-
koblenz-die-kastelle-in-tenedo-zurzach

Die spätantike Grenze am Rhein bis Koblenz:
Die Kastelle in Tenedo

Inhaltsverzeichnis

1 Einleitung

Der obergermanisch-rätische Limes ist ein faszinierendes Baudenkmal, das in den ersten Jahrhunderten nach Christi über mehrere hundert Kilometer an der Grenze zum Römischen Reich errichtet wurde. Der Limes war zunächst keine echte Verteidigungsvorrichtung, sondern eine einfache Grenzbefestigung. Zur Verteidigung dieser Grenze wurden Kastelle im Hinterland gebaut, von denen aus Militäreinheiten bei Einfällen auszogen, um den Feind zurückzuschlagen.

Diese Ausarbeitung beschäftigt sich mit Tenedo, dem heutigen Zurzach in der Schweiz. An diesem Ort am Rhein bauten die Römer hinter der Limesgrenze zwei Kastelle. Auf der rechten Rheinuferseite, wo heute Rheinheim liegt, errichteten sie einen Brückenkopf. Wie diese Kastelle und der Brückenkopf aufgebaut waren, soll im Mittelpunkt der vorliegenden Hausarbeit stehen. Außerdem werden die bedeutendsten Funde dieser Orte aufgeführt, die zum Teil vor nicht allzu vielen Jahren gemacht wurden.

Aufgrund der Beschränkung einer Hausarbeit auf nur wenige Seiten, werden lediglich die wichtigsten Merkmale dargestellt. Es wird aber trotzdem deutlich, dass die Bauweise der vorliegenden römischen Kastelle mit größter Systematik erfolgte.

Das Fazit weist darauf hin, dass eine Auseinandersetzung mit diesem Thema beim Umgang mit der vorhandenen Literatur nicht so einfach zu handhaben ist.

Zur besseren Orientierung ist im Anhang eine Abbildung beigefügt, in der ein Gesamtplan Tenedos, einschließlich des rechtsufrigen Brückenkopfs, zu sehen ist.

2 Chronologie der Entdeckungen in Tenedo

Die Forschungen in Tenedo, das heute Zurzach heißt, gehen weit in die Vergangenheit zurück. Schon im späten Mittelalter machte man die ersten Entdeckungen. Im Jahr 1580 wurden 7 Brückenpfähle mit Eisenschuhen aus dem Rhein gezogen. Das Fundament des römischen Brückenkopfs fand man 1670 bei der Kirche Rheinheim (am rechten Ufer des Rheins, siehe Abbildung 1). Weitere Untersuchungen folgten 1975. In den Jahren 1819 und 1905 erforschte man die römischen Brückenreste im Rhein.[1]

---

[1] Vgl. Walter Drack, Die spätrömische Grenzwehr am Hochrhein (1980), S. 31.

Es folgte eine große Zahl von Ausgrabungen in den Gebieten Sidelen und Kirchlibuck (am linken Ufer des Rheins, siehe Abbildung 1). Auf Sidelen wurden vor allem in den Jahren 1903/04 Untersuchungen durchgeführt. Heute ist Sidelen überbaut. Auf Kirchlibuck wurde mehrmals nach Überresten der Kastellanlagen gegraben. Zunächst begann man 1905/06. Später, im Jahr 1910, legte man zwei Spitzgräben südwestlich des Kastells und 1934 ein Kastellbad frei. Es dauerte weitere 20 Jahre, bis man schließlich die frühchristliche Kirche mit Baptisterium ausgraben konnte. 1961 folgte ein zweites frühchristliches Kultgebäude. Die letzten umfassenden Ausgrabungen wurden 1983 bis 1987 durchgeführt. Einige Kastellanlagen sind teilweise noch erhalten. Dazu gehören in Kirchlibuck der Rundturm an der Südostseite, Teile der Südseite der Kastellmauern sowie Fragmente der frühchristlichen Kirche und eines Kultgebäudes.[2]

Abseits dieser wissenschaftlichen Erörterungen glauben die spätmittelalterlichen Autoren Johannes Stumpff und Aegidius Tschudi an einen zweiten Namen von Zurzach. Sie stützen ihre Vermutung auf einen gefundenen Grabstein des Veteranen Certus. Dieser Diskussion steuerte der frühneuzeitliche Autor Guillimanus eine weitere Vermutung der Namensgebung bei. Da die moderne Forschung erst um 1860 begonnen hat, sind diese Vermutungen mit Vorsicht zu behandeln.[3]

2.1 Das Kastell auf Kirchlibuck

Das Kastell auf Kirchlibuck wurde wahrscheinlich um 300 nach Christi unter Diokletian gebaut. Es hatte besonders auf der Südseite einen unregelmäßigen Verlauf (siehe Abbildung 1). An den Ecken des Kastells baute man Rundtürme. Vermutlich waren die dazwischenliegenden Mauerabschnitte durch Halbrundtürme gesichert. Das Tor an der eingezogenen Seite der Südmauer öffnete sich nach innen ca. 3 m, nach außen ca. 4 m weit.[4]

Insgesamt hatte das Kastell maximal die Abmessungen 100 m x 50 m bis 70 m. Der Flächeninhalt erreichte etwa 4900 m². Die Nordwest-Südost-Achse des Kastells war etwa 100 m lang, die größte Südwest-Nordost-Strecke ca. 80 m breit. Die Mauern waren bis zu 3,50 m stark, die Rundtürme hatten einen Durchmesser von etwa

---

[2] Vgl. Walter Drack (1980), S. 31.

[3] Vgl. Hänggi, René, Die Erforschung des frührömischen Tenedo-Zurzach, in: Hänggi, René/ Doswald, Cornel/ Roth-Rubi, Katrin (1994), S. 11

[4] Vgl. Walter Drack/ Fellmann, Rudolf (1988), S. 576.

3,30m. Der Radius der Halbrundtürme erreichte ca. 1,90 m. Im Kastell sind die Überreste von frühchristlichen Anlagen (unter anderem eine Apsis[5], Reste einer Schranke und ein kleines Baptisterium[6]) bekannt, die ab Mitte des 5. Jahrhunderts entlang der Südwest-Mauer erbaut worden waren. Ebenfalls erhalten sind noch Baureste der Süd- und Westtürme.[7]

Zu den besonderen Funden aus diesem Kastell zählen die Fragmente einer großen Grabstelle des 2./3. Jahrhunderts, Schwertteile, Schmuck und Münzen von 307-455. Desweiteren fand man Leisten-, Rund- und Hohlziegel, Fragmente eines Mühlsteins, Bronze- und Eisenobjekte.[8]

2.2 Das Kastell auf Sidelen

Das Kastell Sidelen lag rund 40 m südöstlich vom Kastell Kirchlibuck entfernt. Es bildete ein verschobenes Quadrat mit 48 m bzw. 50 m (siehe Abbildung 1). Der Flächeninhalt des Kastells betrug ca. 1480 m^2. In den vier Ecken standen Rundtürme mit einem jeweiligen Durchmesser von etwa 8 m.[9]

Eine 4,5 m breite Tornische als Eingang befand sich in der Mitte der südöstlichen Mauer. Auch in der Südwestmauer gab es einen Zugang, der durch eine innenseitige, 4 m breite Schwelle hervorgehoben wurde.[10]

Die Nordwestmauer war etwa 1,60 m stark, die übrigen zwischen 2,65 m und 3,50 m.[11] An diesen Maßen kann man erkennen, dass die Kastellmauern strategisch gebaut wurden. Zwischen dem Kastell auf Kirchlibuck und auf Sidelen war die Mauer nicht so stark wie zu den übrigen Seiten, von denen aus die Feinde direkt das Kastell angreifen konnten.

Vom Rundturm in der Westecke des Kastells Sidelen führte eine Sperrmauer zur Senke zwischen den beiden Kastellen, damit sie die Straße zur Brücke abriegelte. Eine weitere Mauer vom Ostturm aus sperrte die römische Rheintalstraße ab.[12]

---

[5] Anm: Halbkreisförmiger, gewöhnlich halbrunder, aber auch polygonaler und seltener viereckiger, meistens halbkugelig überwölbter Chorraum im Osten der altchrist. Basilika (aus: LAW, Bd. 1)

[6] Taufkapelle, kirchliches Bauwerk. (vgl. LAW, Bd. 1)

[7] Vgl. Walter Drack (1980), S. 31.

[8] Vgl. Walter Drack/ Fellmann, Rudolf (1988), S. 577.

[9] Vgl. Walter Drack/ Fellmann, Rudolf (1988), S. 577.

[10] Vgl. Hartmann, Martin/ Weber, Hans (1985), S. 217.

[11] Vgl. Walter Drack/ Fellmann, Rudolf (1988), S. 577.

[12] Vgl. Hartmann, Martin/ Weber, Hans (1985), S. 217.

Besondere Funde des Kastells Sidelen sind eine Lanzenspitze, eine Bronzeschüssel sowie Münzen. Diese Münzen stammen von ca. 180 und 270, vor allem aber aus der Zeit 307 bis 455. Weiter fand man noch Leistenziegel und Fragmente eines Mühlsteins.[13]

Schon 1906 waren die Mauern fast vollständig abgetragen. Heute ist das Kastell überbaut, so dass weitere Untersuchungen kaum möglich sind.

2.3 Die Umgebung der Kastelle

Die beiden Kastelle Kirchlibuck und Sidelen wurden durch weitere Festungsmauern verstärkt, wahrscheinlich sogar rückseitig verbunden.

Zwischen den Kastellen errichtete man ein Badgebäude, das etwa 22,5 m x 10 m groß war und fünf Räume umfasste (siehe Abbildung 1). Man fand unter anderem einen „Schieber aus Ton für die Wärmeregulierung zum Caladrium"[14]. Das Gebäude diente als Kastellbad des späten 3. und 4. Jahrhunderts.[15]

2.4 Die Rheinbrücken

Von der linken Rheinseite aus, auf der die beiden Kastelle standen, sind Überreste zweier Brücken gefunden worden, die auf das rechtsrheinische Ufer zum Brückenkopf führten. Zu Beginn des 20. Jahrhunderts konnte man bei niedrigem Rheinwasser „die Pfähle von zwei verschiedenen Brücken"[16] erkennen.

Die erste Holzbrücke bestand aus acht Jochen mit je fünf Pfosten. Sie wird zeitlich ins 1. Jahrhundert eingeordnet. Später ersetze man sie etwas weiter flussaufwärts durch eine steinerne Brücke. Von dieser zweiten Konstruktion waren Anfang des vorherigen Jahrhunderts noch „fünf rautenförmige Pfahlroste erhalten, über die sich die Brückenjoche spannten"[17]. Sie wurde bis in die spätrömische Zeit genutzt. Nach den neueren Erkenntnissen der sogenannten Dendro-Untersuchungen wurde sie erst kurz nach 368 erbaut.[18]

---

[13] Vgl. Walter Drack/ Fellmann, Rudolf (1988), S. 577.

[14] Walter Drack/ Fellmann, Rudolf (1988), S. 577.

[15] Vgl. Hartmann, Martin/ Weber, Hans (1985), S. 218.

[16] Hartmann, Martin/ Weber, Hans (1985), S. 216.

[17] Hartmann, Martin/ Weber, Hans (1985), S. 217.

[18] Vgl. Roth-Rubi, Katrin, Der Fundplan, in: Roth-Rubi, Katrin/ Sennhauser, Hans Rudolf (1987), S. 13

2.5 Der rechtsufrige Brückenkopf

Der Brückenkopf bestand aus einem etwa 42,50 m x 41 m großen Gebäude mit quadratischen Ecktürmen, die jeweils 7 m Seitenlänge vorweisen. Der Innenausbau wurde in mehreren Bauetappen abgeschlossen. Von der Südecke aus verlief eine Flankenmauer an den Rhein herunter (siehe Abbildung 1). Die Mauerstärke betrug in Richtung Rhein knapp 2 m, ansonsten ca. 3 m.[19] Auch hier kann man die strategisch sinnvolle Bauweise der Römer wieder erkennen. In Richtung Rhein brauchte die Mauer nicht so stark zu sein wie zu allen anderen Seiten, da von der direkten Rheinseite keine Gefahr drohte, vom Feind angegriffen zu werden.

Ein Fund des Brückenkopfs ist ein Grabstein aus dem 1. Jahrhundert.

---

[19] Vgl. Walter Drack/ Fellmann, Rudolf (1988), S. 578.

3. Schluss

Die Kastelle in Tenedo waren für die römische Grenzverteidigung in den ersten Jahrhunderten nach Christi von großer Bedeutung. Von hier aus wurden im Verteidigungsfall Truppen über den Rhein zum rechtsufrigen Brückenkopf gebracht. Der Brückenkopf selbst diente als Vorposten. Kam es zu feindlichen Einfällen, war man auf Nachschub aus dem Hinterland angewiesen. Das war in Tenedo mit seinen Kastellen kein Problem.

Betrachtet man die Geschichtsforschung über Tenedo, so fällt auf, dass man beim Lesen der vorliegenden Literatur aufgrund der sich ändernden Forschungslage sehr sorgfältig sein muss. Der Autor Walter Drack schreibt in seinem Buch „Die spätrömische Grenzwehr am Hochrhein" aus dem Jahre 1980, dass die Außenmaße des Brückenkopfs ca. 40 m x 45 m sind.[20] In seinem Text über Tenedo im Buch „Die Römer in der Schweiz" aus dem Jahre 1988 betragen die Maße 42,50 m x 41 m.[21]

Auch Erkenntnisse über die Maße des Badgebäudes sind weiter fortgeschritten. Martin Hartmann und Hans Weber, schreiben in ihrem Werk „Die Römer im Aargau" aus dem Jahre 1985, dass es etwa 22,5 m x 10 m groß war.[22] Im Buch „Die Römer in der Schweiz" betragen die Außenmaße jedoch ca. 25,50 m x 10,30 m.[23]

Die Beispiele verdeutlichen, dass die Literatur natürlich vor neuen Forschungserkenntnissen keinen Halt macht. In den Jahren zwischen dem Erscheinen verschiedener Bücher müssen die Forschungsergebnisse immer weiter präzisiert worden sein, dass vorher getätigte Angaben korrigiert wurden. Daher ist es bei Auseinandersetzung mit diesem Thema wichtig, dass vor allem aktuelle Literatur einbezogen wird, um die neuesten Forschungsergebnisse nicht zu vernachlässigen.

---

[20] Vgl. Walter Drack (1980), S. 33.

[21] Vgl. Walter Drack/ Fellmann, Rudolf (1988), S. 578.

[22] Vgl. Hartmann, Martin/ Weber, Hans (1985), S. 218.

[23] Vgl. Walter Drack/ Fellmann, Rudolf (1988), S. 577.

7

Literaturverzeichnis

Drack, Walter, Die spätrömische Grenzwehr am Hochrhein (Basel 1980)

Drack, Walter/ Fellmann, Rudolf, Die Römer in der Schweiz (Stuttgart 1988)

Hänggi, René/ Doswald, Cornel/ Roth-Rubi, Katrin, Die früh-römischen Kastelle und der Kastell-Vicus von Tenedo-Zurzach (Brugg 1994)

Hartmann, Martin/ Weber, Hans, Die Römer im Aargau (Salzburg/ Frankfurt am Main 1985)

Kinder, Hermann/ Hilgemann, Werner: dtv-Atlas Weltgeschichte, Bd 1, (München 1997)

Lexikon der Alten Welt (LAW), Bd. 1, (Düsseldorf/Zürich 2001)

Roth-Rubi, Katrin/ Sennhauser, Hans Rudolf, Verenamünster Zurzach, Ausgrabungen und Bauuntersuchungen I, Römische Strasse und Gräber (Zürich 1987)

Ternes, Charles-Marie, Die Römer an Rhein und Mosel. Geschichte und Kultur, (Stuttgart 1975)

Anhang

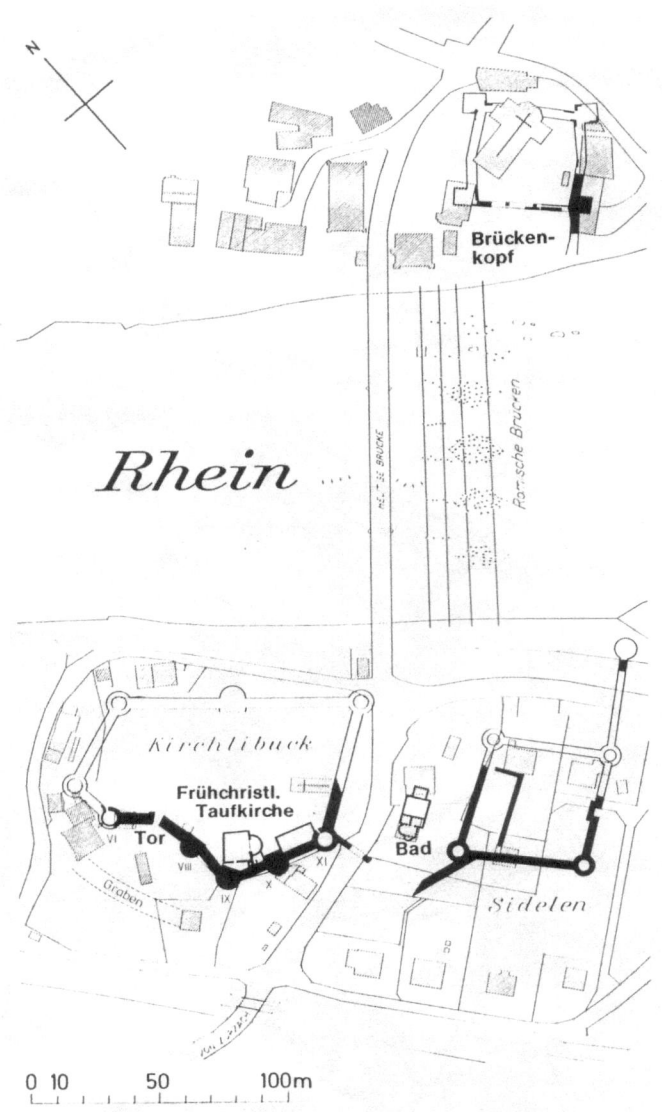

Tenedo. Zurzach. Gesamtplan mit rechtsufrigem Brückenkopf Rheinheim. Nach AKB.

Abb. 1:
aus: Drack, Walter, Die spätrömische Grenzwehr am Hochrhein (Basel 1980), 32.